El hotel temático: el futuro de la industria hotelera
Diana Patricia Pinto Cataño
Twitter: @dianapatrypinto
César Augusto Pión González
Twitter: @cesarpiong

Primera edición
Copyright© 2019 Diana Patricia Pinto Cataño; César Augusto Pión
González
Editorial Parabellum. Los Ángeles, California - Estados Unidos.
www.editorialparabellum.com
ISBN: 9781098794491
Registro de derecho de autor: 10-773-412

© Del diseño de cubierta: Mark Dalton y João Jesús
Impreso en Estados Unidos – Printed in United States

Este libro ha sido impreso con papel y tintas ecológicas

EL HOTEL TEMÁTICO: EL FUTURO DE LA INDUSTRIA HOTELERA

Diana Patricia Pinto Cataño
César Augusto Pión González

EDITORIAL
PARABELLUM

Contenido

Prologo

Este Trabajo de Diana Patricia Pinto y César Pión González examina el desarrollo del "Hotel Temático". A esos efectos, expone lo que sería la tendencia al crecimiento de estas formas de establecimiento hotelero y hasta sus posibles clasificaciones.

El atractivo de lo expuesto resulta de una amplia exposición /desde una ventana abierta a futuros de la Industria Hotelera, pero bajo una concepción económica. Ya que permite considerar nuevas formas de hotelería, dejando atrás el exclusivo balneario ecológico de convivencia que reposa en el sol y la arena y de duración limitada y con capacidad de oferta sujeta a incertidumbre. Dado que, en hotelería la creación y formación de empleo es más rápida que en otro tipo de actividad, es muy recomendable considerarla. La formación posible, al igual que su administración, es más eficiente en el establecimiento hotelero temático, aunque tenga como soporte el desarrollo regional exclusivamente. Y menos costosa. A los efectos de la trasmisión por las Redes Sociales de las características del hotelería que se está tratando de facilitar el uso adecuado de la imagen y sonido del destino considerado. Con lo que se agrega la eficiencia de la correspondiente comunicación.

Finalmente, lo que es remarcable en la hotelería temática, reconocible por: su fácil diversidad y su cantidad, que permite separarse de los hasta ahora turistas convencionales, normalizándose consecuentemente los ingresos, que no quedan expuestos a los vaivenes de otro tipo de factores, como pueden ser, únicamente, los climáticos.

Esencialmente el trabajo aquí expuesto es recomendable, ya que al partir de nuevos desafíos invita a buscar y lograr una modernización-actualización de estructuras y estrategias de hotelería, consecuentemente.

Alfredo Oliveros Fernández. Rector Universitario en Uruguay, Contador Público (Argentina y Uruguay), Consultor de Organismos Internacionales (BID, CTM, Tragsatec, etc.). Asesor de Gobiernos (Argentina, Uruguay, España, Bolivia, Chile, Haití). Máster en Economía Internacional.

Introducción

En este libro encontrará el concepto de hotel temático, definición que ha sido dinámica de acuerdo con las mismas características del sector hotelero.

Conocerá la historia, de dónde surgen los hoteles temáticos y como se han desarrollado en el transcurso del tiempo.

Del mismo modo, las categorías en las que están divididos los hoteles temáticos y las diferentes clasificaciones que los agrupan.

Se muestran en el texto, diferentes ejemplos de hoteles actuales de acuerdo con los conceptos o temas que tienen.

Capitulo Uno

¿Qué es un hotel temático?

Es un concepto que está en constante construcción y que ha tenido sus variaciones en el transcurso de los últimos años. Esto se debe al mismo dinamismo del mercado, a los gustos cambiantes y puntuales de los turistas; se está construyendo un nuevo concepto de hotel basado en las experiencias que este pueda brindar al huésped.

El alojamiento tradicional ya no es una opción para un grupo de turistas o un nicho de mercado. Las personas buscan alojarse en un lugar donde su estadía no se trate solamente de dormir, un lugar donde exista un significado.

Esto ha hecho que se desarrollen productos turísticos de alojamiento que manejan un concepto, es lo que se llama un hotel temático. El desarrollo de este producto de alojamiento se encuentra enmarcado dentro de la economía creativa y la economía de la experiencia que abre paso al desarrollo de algo que se llama turismo creativo.

Pero ¿Qué tiene que ver la economía creativa y la economía de la experiencia con un hotel temático? La economía creativa parte de la idea de crear y vender productos o servicios que tengan un significado cultural, conceptual y real, que comuniquen posturas sociales y formas de ver el mundo.

En la economía de la experiencia el cliente al adquirir bienes y servicios quiere vivenciar emociones que creen recuerdos y una historia que contar por el producto que compró. El consumidor deja de ser un objeto pasivo y se convierte en el eje central de la experiencia, el vendedor es quien crea el escenario y las acciones que brindan la experiencia. Si hay productos y servicios que se enfoquen en esto existen personas que pagarán por ellos y viceversa.

Como lo expresó John Newbigin[1] *"La economía creativa fusiona valores económicos y valores*

[1] NEWBIGIN, J. (2010) Britisch Council: La Economía Creativa: una guía introductoria.

culturales". Y esto es lo que ocurre con la tematización de los hoteles, un valor económico (alojamiento) se fusiona con un valor creativo y cultural (tematización) dando como resultado un producto turístico que va más allá del servicio de alojamiento.

Por su parte, la economía de la experiencia pone al cliente en el centro de todo lo que se realiza y tiene *como objetivo principal proporcionar al consumidor experiencias desde varias perspectivas: emocionales, imaginativas, sensoriales, desde una inmersión personal*[2]. La calidad de esta experiencia es la calidad del producto y con base a este concepto se fundamenta el significado de un hotel temático, la razón de ser por la cual se conceptualiza el hotel.

Y es cuando vemos lugares sin ningún atractivo turístico natural o cultural que se convierten en destinos turísticos en los cuales los hoteles se convierten en uno de los atractivos, el caso más

---

[2] PINE II, B & GILMORE, JH. (1998). The Experience Economy. Harvard business review.

notable es el de Las Vegas en Estados Unidos, del que hablaremos más adelante.

Gracias a la economía creativa los residentes de un destino, los hoteleros y el sector turístico en general ha tomado conciencia de la importancia de la cultura local, del gran valor que tiene la autenticidad de los valores y cultura tradicional.

Esta tendencia a fomentado la creación de hoteles temáticos cuyo concepto es la cultura tradicional del lugar. Permitiendo la apertura de potenciales mercados y nuevos nichos de mercado.

La economía creativa de la mano del turismo creativo y los hoteles temáticos han potenciado y revalorizado los valores étnicos, la cultura, los destinos turísticos patrimonio material e inmaterial. Haciendo la visita a un lugar una experiencia memorable y entrelazada, que comienza desde el lugar donde el turista se aloja. Convirtiendo el destino en un producto turístico integral con solidos activos territoriales.

Pero no solamente la economía y el turismo creativo se basan en los atractivos culturales de una zona sino también la tematización puede potencializar los atractivos geográficos.

No existe un límite para la tematización de un hotel, el limite sería la imaginación de la industria hotelera, mientras exista un público deseoso de ese tipo de alojamiento existe el producto con todos los conceptos y temas requeridos.

El turismo creativo es una tendencia en auge, de la cual se derivan los hoteles temáticos. El turismo creativo permite que un destino se reinvente e innove para abrirse a nuevos nichos de mercado y los hoteles temáticos sirven como estrategia para el desarrollo de un destino turístico innovador.

Básicamente el hotel temático no tiene como objetivo primordial ofrecer productos y servicios, sino vender experiencias. Las cuales se construyen en conjunto entre el huésped y el hotel, en cada interacción, percepción sensorial y emocional que tiene con relación a las acciones, eventos, espacios, productos y servicios que brinda el hotel para ayudarle a construir esta experiencia.

Una de las grandes ventajas de la tematización de los hoteles es que ayudan a la industria del alojamiento a no depender de las temporadas turísticas y a sortear las crisis que se puedan presentar en el sector.

El nicho que busca hoteles temáticos busca experiencias diferentes a las tradicionales y generalmente una de sus principales motivaciones para viajar al destino es vivenciar el alojamiento en el hotel temático. *El hotel se convierte en un atractivo turístico dentro del destino*[3].

¿Qué parámetros debería tener en cuenta un hotel para tener éxito en la tematización? El

---

[3] Kozinets, Robert V. (2002), "The Field Behind the Screen: Using Netnography for Marketing Research in Online Communities,"

primero y más importante es que la experiencia que viva el huésped sea autentica, principalmente en la tematización cultural, debe lograrse que el huésped sienta verdaderamente una experiencia cultural y se integre con ella. Por lo cual el talento humano del hotel juega un papel vital porque son quienes transmiten el concepto del hotel en todo el proceso del alojamiento.

La segunda es originalidad y vanguardia que posea el concepto con el cual se tematice el hotel, sobre todo la creatividad con que el tema se aplique y la experiencia que se brinde.

Como tercer punto se tiene la creación de ventajas competitivas y comparativas no necesariamente en la temática, sino en la aplicación de estas dentro del hotel, en los servicios y en la atención que reciben los huéspedes.

En lugares donde su aspecto cultural es una de sus fortalezas, siendo patrimonios materiales o inmateriales, es donde más se presenta una repetición con poca autenticidad de la tematización del hotel. Ocurre, generalmente, que todos los hoteles utilizan una decoración parecida, inspirada en la cultura, preparando platos similares y el personal vestido con los atuendos del lugar.

Convirtiéndose cada hotel en una réplica del otro. Suele ocurrir esto en oriente, principalmente en China, actualmente este es un problema que la industria hotelera temática que China está enfrentando. Por eso es tan importante aplicar los tres parámetros para buscar el éxito en la tematización del hotel.

La escogencia del tema es el pilar del proceso. No es simplemente la selección de un tema sino de hacer de este una conceptualización que se aplique al hotel, a cada uno de los servicios tradicionales y a la creación de nuevos servicios en torno al tema.

Por lo tanto, el concepto central debe ser convincente, autentico y principalmente conciso

¿Por qué conciso? Porque tiene que ser de sencilla comprensión tanto para los empleados del hotel como para los huéspedes. Del mismo modo, la aplicación de tema tiene que ser aterrizada a experiencias auténticas.

Este concepto o tema debe ser comunicado al cliente desde el proceso de marketing hasta el último momento del huésped dentro del hotel. El huésped debe sentir la tematización del hotel desde la información que recibe sensorialmente, aquí entra en juego los olores, el sonido, la música, texturas, palabras, acento, servicio al huésped, colores y sabores que transmita constantemente el concepto del hotel. Estas serían las experiencias intangibles que son inolvidables y generan autenticidad.

Luego está la aplicación de la tematización con experiencias tangibles que no distraigan al huésped del concepto del hotel. Aquí entran los elementos decorativos del hotel, sus habitaciones y espacios comunes. La originalidad de los servicios ofrecidos que deben girar en torno al tema. Lograr una experiencia profunda e inolvidable es el objetivo del hotel.

A través de las experiencias brindadas en el hotel, se debe lograr transportar al huésped a otro tiempo, distintos lugares, escenarios fantásticos, experiencias que lo saquen de su cotidianidad y los lleven a vivenciar cosas nuevas que le generen recuerdos dentro de su estancia. Trasmitir significados, que el huésped sienta la omnipresencia y omnipotencia del concepto del hotel.

La tematización obliga a los hoteles a no tener un entorno, servicios y atención estandarizada. La experiencia nunca es un proceso estándar, sino individual de percepciones diferentes para cada uno que la experimenta. Por lo tanto, el hotel temático debe garantizar autenticidad, entretenimiento, puede educar (en el caso de conceptos culturales) sobre historia, cultura y forma de vida del lugar.

Brindar una experiencia real es hacerlo más allá de la realidad. La versión de la realidad cultural que se le brinda al huésped debe ser aumentada, una hiperrealidad idealizada, diseñada, hacer un tipo de "ingeniería de la realidad".

Es de crucial importancia la coherencia del tema, que no se pierda o diluya el concepto. La coherencia en la identidad del hotel y su concepto es la crea el norte de la atención y servicio al cliente. Y esta coherencia no sólo se refiera a la arquitectura y decoración del hotel sino principalmente en la atención que los empleados le brindan al huésped. El empleado desde su forma de vestir hasta el trato debe reflejar el concepto del hotel. Abordar la tematización de manera superficial, generalmente, tiene como resultado una mala experiencia en el huésped.

La premisa fundamental es lograr que el cliente viva experiencias turísticas auténticas, que el hotel no sea un simple lugar de pernoctación, sino que se convierta en sí mismo en un atractivo turístico, debido a la cantidad de novedosas y llamativas actividades que puede realizar y vivir durante su estancia en él.

Un hotel temático puede definirse como un lugar de alojamiento en el cual su edificación, decoración, servicios y actividades giran en torno a un tema o concepto específico. Aplicando los cuatro conceptos básicos: estética (arquitectura y decoración), entretenimiento (servicios y actividades de esparcimiento, relajación y recreación), cultura e inmersión del huésped en el concepto.

La fuerte competencia turística y la demanda de experiencias diferentes por parte de los turistas fue lo que llevó a que creciera la oferta de alojamiento en hoteles temáticos, dándole la opción a los hoteleros de especializarse en temas o conceptos con los que tematizan el hotel.

La diferenciación siempre ha sido un valor muy importante a la hora de ofrecer productos turísticos y para los hoteles temáticos es la piedra angular en la que se centra su éxito.

Tematizar un hotel significa que el alojamiento se convierte en una experiencia turística en sí misma, donde el viajero es el protagonista porque toda la tematización del hotel está pensada para el uso y disfrute de él mismo.

Para ser un hotel temático no basta simplemente tener un tema, el hotel es un concepto en sí mismo, que trasmite una idea central de experiencia al huésped. El verdadero hotel temático es más allá de una habitación decorada con un estilo o concepto, sino que a través de una idea se construye una experiencia turística para el huésped.

No se debe olvidar nunca que el éxito del hotel depende de la experiencia que este sea capaz de crear en el cliente.

Desde el año 2000 hasta la actualidad los hoteles temáticos han tenido un auge mayor, cuya tendencia va en aumento. Se les atribuye este auge a los siguientes factores[4]:

- Los lugares que poseen poco o ningún atractivo turístico natural o cultural, pueden a través del turismo temático, con su sistema de alojamiento encontrar motivos de atracción para sus destinos. El ejemplo clásico y puntual sobre este tema son Las Vegas.

- La posibilidad de personalizar el viaje de acuerdo con las necesidades de la demanda, ya el turista puede escoger puntualmente que actividades desea hacer dentro de su viaje.

- La búsqueda de nuevas experiencias por parte de la demanda.

La tematización no es un concepto exclusivo del hotelería, lo vemos presente en parques de

---

[4] Nadiri, H. y Tanova, C. (2010): An investigation of the role of justice in turnover intentions, job satisfaction, and organizational citizenship behavior in hospitality industry, International Journal of Hospitality Management 29 (2010),

diversiones, restaurantes, centros comerciales, entre otros.

En todo este proceso es de vital importancia la retroalimentación que permita conocer lo que el huésped piensa y siente de la experiencia vivida en el hotel. Conocer la opinión del cliente es el proceso que permite evaluar y mejorar la experiencia de este.

Categorías de los hoteles temáticos

A medida que fue avanzando el tiempo, el concepto de tematizar el hotel tomó diversas categorías, las cuales son[5]:

Categoría uno

Tienen un tema central para todo el hotel sobre el cual giran todos los servicios que son auténticos y especializados. Es el que desarrolla a plenitud los cuatro conceptos básicos del hotelería temática: estética (arquitectura y decoración), entretenimiento (servicios y actividades de esparcimiento, relajación y recreación), cultura e inmersión del huésped en el concepto. Logrando una inmersión completa del huésped con el tema del hotel.

---

[5] Diana Bone Espinosa, Arantxa Rey Garcia, Francesc Fuste Forne. LOS HOTELES TEMÁTICOS: UN CASO DESCRIPTIVO DE CREACIÓN DE EXPERIENCIAS A TRAVÉS DE EJEMPLOS SINGULARES ESPAÑOLES. Papers de Turisme nº 58-julio-diciembre 2015

Esta categoría es la que en realidad abarca el significado de hotel temático a profundidad y de manera completa, donde no se vende simplemente alojamiento, sino una serie de servicios especializados relacionados con el tema del hotel.

En esta categoría el hotel debe brindar servicios especializados de acuerdo con la temática que tenga el hotel, alojamiento, diversión, entretenimiento, actividades, comidas... coherentes con el significado del hotel.

Dentro del concepto de hotel temático central el empleado de todos los rangos tanto operativo como administrativo juega un papel fundamental. Debido a que la interiorización, apropiación y conocimiento profundo sobre el concepto del hotel y los servicios que giran alrededor de este viene siendo uno de los activos más importantes de la organización. Son los empleados quienes logran transmitir el significado del hotel a los huéspedes.

Se podría decir que el proceso de tematizar un hotel es pluridisciplinario y multifacético. El concepto tiene que ser coherente, entrelazando comida, diseño, arquitectura, servicios y atención, para que todo en conjunto represente el concepto del hotel.

Categoría dos

En esta categoría encontramos a los hoteles que son completamente temáticos en arquitectura y decoración, más no ofrecen servicios relacionados con el tema del hotel.

Podemos encontrar hoteles dentro de castillos medievales, cuyo interior mantiene la decoración de acuerdo con la arquitectura e historia del lugar, pero que no ofrecen ningún servicio relacionado a la temática del edificio o sitio.

Hay muchos hoteles dentro de casas históricas o que fueron construidos con unos diseños específicos que representan un tema o estilo, pero la tematización del hotel no pasa de la arquitectura y la decoración.

Categoría tres

Hay hoteles que sólo deciden tematizar la decoración de las habitaciones. Dándoles un estilo propio de acuerdo con el concepto que crearon en ellas. Hay muchos ejemplos de este tipo de hotel temático, habitaciones dedicadas a pintores famosos, a estrellas de cine, enfocadas en un color en particular. Más adelante abordaremos el tema de manera más puntual.

Categoría cuatro

En esta categoría encontramos hoteles que sólo tematizan partes puntuales del mismo. Por ejemplo, el lobby, restaurantes, piscinas, bares, entre otros. En el caso de los restaurantes y bares, la comida y bebida suele ser relacionada al concepto del restaurante. Por ejemplo, si el estilo es oriental, la comida suele ser de ese estilo.

A demás de la categorización, existe una clasificación por temáticas.

Clasificación de los hoteles temáticos

Ya habiendo esbozado sobre la categorización de los hoteles temáticos en general, sin discriminar por la temática se puede profundizar en la clasificación de estos, se encuentran agrupados de acuerdo con el concepto que manejan.

En esta tipología de hoteles temáticos podemos encontrar también las cuatro categorías de tematización que son:

Hoteles inspirados en países y culturas

Este tipo de hoteles temáticos inició en 1966 en Las Vegas – Nevada. En estos hoteles el huésped se traslada a vivir la experiencia cultural de un país o población. Desde la comida, que siempre va a ser típica, así como la decoración, todo ayuda a que el huésped se sienta dentro de un espacio que lo traslade a ese lugar que el hotel está tematizando. En Las Vegas hay dos hoteles emblemáticos The Venetian y Paris, profundizaremos sobre ellos más adelante.

Hotel artístico y cultural

El concepto que maneja este tipo de hotel está relacionado con el arte y la literatura. Generalmente son hoteles temáticos de categoría dos, donde toda la decoración está hecha en honor o basada en expresiones artísticas.

Hotel cultura autóctona y tradicional

Son los hoteles que están basados en la cultura de la población a la que llega el turista. El alojamiento cultural tradicional tiene como objetivo lograr una experiencia cultural auténtica para los turistas, que no solamente buscan habitaciones e instalaciones con arquitectura y decoración tradicional.

Está dirigido a turistas culturales cuyo interés es aprender sobre el patrimonio tangible e intangible de un pueblo o ciudad experimentando el estilo de vida de la población al interactuar con los residentes.

Los hoteles culturales autóctonos y tradicionales son un pilar fundamental dentro de la economía creativa aplicada al dinamismo de una población. Este tipo de hoteles permite aprovechar las características culturales del destino como la arquitectura y edificios tradicionales.

Los hoteles culturales tradicionales hacen parte de los activos territoriales de un destino, son atractivos turísticos que los viajeros quieren visitar.

Sin embargo, sobre este tema hay que tener cuidado al aplicar la tematización de los hoteles, sobre todo en lugares pequeños muy autóctonos.

Cuando son poblados muy pequeños con una cultura local muy autóctona, con una ubicación geográfica especifica que influye directamente en la cultura local la tematización de los hoteles puede ser riesgosa y no muy efectiva.

En poblaciones de Perú, China, India, Colombia, entre otros países. Donde son pueblos pequeños, distantes, con geografía particular y una cultura muy arraigada y propia, al tematizar los hoteles (que generalmente son pocos), cada hotel se vuelve un clon del otro.

La diferenciación suele ser muy difícil en cuanto a arquitectura, decoración, gastronomía, entre otros aspectos. Por lo tanto, para que la tematización sea exitosa la diferenciación se tiene que dar en los servicios que el hotel ofrezca.

Otro punto vital para que la tematización sea exitosa es el talento humano, que debería ser, preferiblemente, local para darle autenticidad a la experiencia cultural. Crea espontaneidad y naturalidad en la atención. De esta manera el hotel se ahorra el proceso de culturización de los empleados al concepto del hotel.

Este tipo de hoteles ayudan a preservar el patrimonio cultural materia e inmaterial de la cultura local. Son también muy útiles para salvaguardar las tradiciones minoritarias y reafirmar las identidades étnicas.

Hoteles musicales

Esta es una de las clasificaciones más nuevas y de paso más creativas y complejas. El concepto del hotel se centra en el sonido y la importancia de este en la experiencia de alojamiento que tiene el huésped.

El concepto de este puede abordar las cuatro categorías anteriores. Pero centrándonos en la primera categoría, que es la que abarca por completo la tematización de un hotel.

La tematización de este tipo de hotel se da desde la decoración de los espacios, las habitaciones y la organización de los espacios comunes.

Hoteles TV y cine

Es otra tendencia está en crecimiento, son hoteles cuyo concepto gira alrededor de una película o serie de tv. Tanto la decoración de espacios comunes y habitación son completamente tematizados, así mismo los alimentos ofrecidos y el personal que trabaja en el hotel.

Hoteles Gamers

Estos hoteles están dirigidos a un público adolescente y adulto a los que les gustan los videojuegos tanto de consolas como de PC. El primer hotel de este tipo surgió en 1980.

Hoteles infantiles

Este tipo de hoteles son creados específicamente para la diversión y confort de los niños. Son también un tipo de hotel familiar en donde los padres comparte todo el tipo de diversión y servicios de alojamiento que va dirigido a los niños.

Los clásicos ejemplos de este tipo son los hoteles y resort Disney, especialmente aquellos cuyo publico especifico son los niños y niñas Porque Disney también ofrece hoteles temáticos para adolescente y adultos. Pero desde sus inicios Disney ha tenido como publico principal a los niños.

Los hoteles temáticos infantiles tienen un concepto que generalmente se enfoca en personajes específicos de cuentos, series y películas. En el mundo que gira alrededor de estos personajes, muchos de los empleados del hotel están vestidos o disfrazados de los personajes. Todos estos tipos de hoteles tienen en común, además de la decoración completamente temática, ofrecen diversión y actividades de ocio para los niños.

Hoteles espirituales y esotéricos

Un hotel temático esotérico, místico, espiritual o religioso es aquel que surge con el concepto de hacer un acercamiento del huésped hacia un área de la espiritualidad, ya sea a través de su decoración y arquitectura o a través de los servicios que ofrece.

Es una tendencia nueva, que surgió a finales de los años 90 y que ha tomado mucha fuerza desde mediados de 2003 hacia la actualidad.

A demás de dividirse en categorías por grados de tematización, se divide en clases de acercamientos espirituales ofrecidos, estas son clasificaciones que aún hoy están sufriendo cambios de acuerdo con las nuevas tendencias y al dinamismo del sector. Actualmente este tipo de hoteles temáticos se subclasifican en:

- Hoteles embrujados
- Hoteles de corrientes religiosas tradicionales
- Hoteles de corrientes religiosas alternativas
- Hoteles espacios de armonía y bienestar basados en creencias espirituales

En las tendencias turísticas se encuentra que cada vez más el turista busca experiencias personales y emocionales en los destinos que visitan. Una búsqueda interior y un conocimiento del entorno desde el descubrimiento de nuestro propio yo. Esto ha favorecido notablemente el auge de este tipo de tematización de hoteles en el mundo.

En Suramérica los países que más han desarrollado los hoteles esotéricos con Chile, Perú y Bolivia.

La principal oferta de hoteles esotéricos es de un amplio espectro internacional. La tematización de estos se ha llevado con éxito en países como:

- Estados Unidos
- España
- Italia
- India
- México
- Chile
- Perú
- Guatemala
- Bolivia

Hoteles agropecuarios y rurales

En este tipo de hoteles el huésped puede vivenciar actividades agrícolas, de campo o rurales. Por ejemplo, aprender el proceso del vino, el cultivo de alimentos en específico. En zonas rurales hay hoteles que permiten que el huésped aprenda tipos de bordados y actividades artísticas autóctonas del pueblo o la zona. Uno de los ejemplos más importantes de este tipo se encuentra en Colombia, en el hotel Decamerón Panaca en Quindío.

Hotel oficina

Las habitaciones y servicios están directamente relacionadas con los negocios. En este tipo de hoteles las habitaciones tienen una oficina para que le huésped pueda atender clientes. Prestan todos los servicios que necesitan, fax, envío de correspondencia, salones de reuniones y de conferencias, generalmente el uso de estos espacios va con el costo del alojamiento.

Hotel arquitectónico

Estos hoteles generalmente son categoría dos, su arquitectura es lo que los hace temáticos. Hoteles en casas de una arquitectura especifica o en castillos, suelen ser los ejemplos de esta clasificación.

Hoteles peculiares

Son aquellos hoteles que su construcción, arquitectura y decoración rompen las fronteras de lo tradicional y su temática es abstracta. Manejando diversos conceptos filosóficos, existenciales y diferenciadores. En esta clasificación se encuentran principalmente los Hoteles Cápsula, que son diseñados aprovechando al máximo el espacio.

Hay hoteles como estos en Ámsterdam, Tokio y Osaka. Son rectángulos apilados unos sobre otros que no miden más de 2,10metros de largo, y tienen una altura y un ancho de más o menos 1 metro. Cada uno tiene luz, televisor y un despertador. Los baños pertenecen a la zona común.

Hoteles para los sentidos

Estos hoteles manejan el concepto de una exaltación a los sentidos: vista, oído, gusto, tacto y olfato. Su decoración, las habitaciones, la comida y servicios gira en torno al sentido que exaltan para que el huésped viva una máxima experiencia.

Hay hoteles dedicados al perfume, esencias y aromas. También especializados en una diversificación culinaria que permite al huésped probar todos los sabores y aprender a cocinar.

Hoteles tematizados de cotidianidad

Estos hoteles tienen como concepto objetos, temas e ideas de la cotidianidad. Por ejemplo, existen hoteles temáticos de motos, carros, aviones, máquinas de coser, entre muchas otras cosas.

Hoteles futuristas

El concepto de estos es basado en lo que sería la tierra en un futuro, con una decoración espacial y robótica, estos hoteles le brindan al huésped la sensación de encontrarse en un futuro tecnológico.

Hoteles fitness y deportivos

Estos hoteles les ofrecen a los huéspedes un entorno y servicios donde pueden practicar la disciplina deportiva favorita, así como yoga, boxeo y otras actividades. Están dedicados a un deporte o un conjunto de actividades, por ejemplo, hoteles para practicar golf, otros dedicados a equipos deportivos, entre otros.

También se especializan en deportes al aire libre como el running, ciclismo, triatlón y senderismo con los entornos naturales necesarios para que el huésped pueda practicar o tener la experiencia.

Este tipo de hoteles cuenta con dos perfiles diferentes de huéspedes. Los que son turistas que les gusta descubrir y vivir frecuentemente muchas experiencias turísticas distintas, pero a su vez les gusta la práctica del deporte.

Por otra parte, tenemos los huéspedes que sí son deportistas ya sea profesionales, amateurs o principiantes. Pero su principal motivo de viaje es practicar un deporte.

En este tipo de hotelería temática el que más auge está teniendo son los hoteles especializados para ciclistas o "bikers". Ofrecer servicios como servicios de masaje especializados, centro de información sobre rutas, desayuno picnic para ciclistas, venta de accesorios, limpieza para mountain bikes, alquiler de GPS, , servicios de reparación y alquiler de bicicletas, organización de salidas en grupo y piscinas de recuperación, entre otros.

En España crearon un sello para distinguir a los hoteles especializados en ciclismo, es el Bikefriendly.

Capitulo dos

Historia e inicio de los hoteles temáticos en el mundo

En cuanto a la tematización de hoteles de cultura autóctona y tradicional, los primeros en hacerlo fueron los japoneses. Ellos implementan el Omotenashi que significa el espíritu tradicional de hospitalidad y servicio del pueblo japonés.

Desde los años 700 los japoneses tienen el Ryokan, que es un alojamiento tradicional japonés. A sus inicios eran unas casas de familia que ofrecían el alojamiento gratuito a los viajeros.

Pero los Ryokan como se conocen hoy en día, se institucionalizaron oficialmente en el año de 1750, debido al gran número de viajeros, se estiman que eran más de un millón de personas. Por toda esta demanda de alojamiento se oficializó el Ryokan como el alojamiento tradicional de Japón.

Por eso los Ryokan son los primeros hoteles temáticos de cultura tradicional y autóctona del mundo ¿Cómo es un Ryokan? Las habitaciones están compuestas de paredes y puertas corredizas, las cuales permiten organizar los espacios de acuerdo con las necesidades. Los

Ryokan siguen un patrón de repartición de los espacios ligado a la espiritualidad, por lo cual están próximos a brindarle al huésped una experiencia con la naturaleza del lugar. Estos hoteles tradicionales son construidos en madera, tienen un piso y un número máximo de 30 habitaciones.

Los primeros hoteles con la temática de la espiritualidad también surgieron en Japón. Fueron los monjes budistas que por los años 800, hicieron dentro de sus templos unos lugares de alojamiento temporal a los peregrinos llamados Shukubō. Quienes se alojaban en estos templos debían seguir el patrón o costumbres de convivencia de los monjes mientras estuviesen dentro del templo. Por lo tanto, estos peregrinos hacían oración y meditación mientras fueran huéspedes en el templo.

Los primeros hoteles literarios surgieron en Alemania, en el siglo XIX, se denominaban los "Badische Hof", tenían una biblioteca y una sala de lectura, en la cual los huéspedes podían disfrutar de silencio y un espacio para leer, ya sea los libros de la biblioteca del hotel o los libros que el propio huésped tuviera.

En el año de 1908 en la ciudad de Nueva York surgió el primer Hotel Oficina o con el concepto de ser un hotel en el que se alojan personas que viajan por trabajo o negocios. Se llamó el Hotel Búfalo, su lema era "una habitación y un baño por un dólar y medio", su público objetivo eran hombres que viajaban por negocios o trabajo y sólo requerían un sitio donde dormir y limpiarse.

A partir de los años 80 comenzó la tendencia de crear hoteles tematizados con más variedad de conceptos. Inició en Europa Occidental y Norteamérica. Las características iniciales y originales del concepto de hotel temático son hoteles de pocas habitaciones, pequeños en tamaño y auténticos, con todas las características de hoteles boutique.

Su decoración debe ser lujosa y con estilo propio (coherente con la temática) donde cada mueble y detalle arquitectónico debe tener un significado dentro del concepto del hotel[6].

La ciudad de Las Vegas en Estados Unidos es pionera en realizar esta clase de hoteles, el primero fue abierto en 1966 con la temática del imperio romano.

Walt Disney fue uno de los principales impulsores de los hoteles temáticos, todos basados en las películas y personajes realizados por su empresa, cuyo objetivo es trasladar al huésped a esos entornos y que se sientan parte de la historia que envuelve la película, esto acompañado de los parques temáticos. Abrió las puertas de sus dos primeros hoteles temáticos en 1971.

---

[6] Grañas, Matias. "Moda que crece, la novedad de los hoteles temáticos" [en línea]. 14 de abril de 2005.
http://www.terra.com.ar/canales/turismo/112/113383.html

Capitulo tres

Los hoteles temáticos

alrededor del mundo

Teniendo en cuenta las cuatro categorías y las clasificaciones de hoteles temáticos, que se mencionaron en el capítulo uno, los casos más exitosos de estos tipos de hoteles a nivel mundial son[7]:

Hoteles Disney

Los dos primeros hoteles Disney abrieron sus puertas en 1971 en Florida. Hoy en esa zona hay 32 hoteles temáticos, basados en los personajes y películas de la compañía, así como en países o épocas de la humanidad.

Es destacado el caso de Disneylandia que es un macro parque temático diseñado por Walt Disney y situado en Anaheim, California. La economía de esta ciudad gira en torno al parque, un gran porcentaje de los habitantes obtiene sus ingresos de manera directa e indirecta gracias a la actividad turística de Disneylandia.

---

[7] Lewis, B.R. y Mccann, P. (2004): Service failure and recovery: evidence for the hotel sector, International Journal of Contemporary Hospitality Management.

La generación de empleo y servicios complementarios ha sido el motor de la economía de la zona. Disneylandia es un parque de diversiones inmenso y temático que cuenta con ocho temáticas diferentes sobre las cuales se desarrollan múltiples actividades y todo gira en torno a ese concepto, es como muchos inmensos parques de diversiones dentro de uno solo.

Disneylandia cuenta con tres hoteles temáticos y dirigidos a públicos objetivos puntuales: Disney's Grand Californian Hotel & Spa, Disneyland Resort y Disney's Paradise Pier. El hotel que menos habitaciones tiene es de 200 y el que más tiene es de 500.

Pero Disney no sólo está en Estados Unidos, en París, junto al parque de atracciones tienen siete hoteles temáticos. En Tokio, Shangai y Hong Kong hay dos hoteles en cada ciudad, junto a sus respectivos parques de diversiones.

Hoteles en Las Vegas

Las Vegas – Nevada es una ciudad tematizada, donde cada sitio de ocio y cada hotel maneja el concepto de los juegos de azar a su máxima expresión. Siendo casi toda la ciudad un macrocasino. Algunos de los hoteles temáticos más impactantes, arquitectónicamente hablando y de servicios del mundo están en Las Vegas.

Esta ciudad nunca duerme, a cualquier hora y en múltiples lugares se puede disfrutar de los juegos de azar. Las Vegas es un ejemplo de como un destino sin atractivo cultural o natural convierte la tematización y conceptualización en un factor diferenciador y exitoso del sector turístico.

Las Vegas es la ciudad que más hoteles temáticos tiene en el mundo, estos son algunos de los más destacados:

- Caesars Palace construido en 1966, tiene 4 mil habitaciones y su temática decorativa es sobre el imperio romano.

- Circus Circus: este hotel fue construido en 1968, como su nombre lo indica la temática es el circo, tiene un espectáculo circense de manera permanente, así como un parque de diversiones interno.

- Luxor: fue construido en 1993, tiene una pirámide de 30 pisos y una esfinge imitando a la real que se encuentra en Egipto.

- The Mirage: construido en 1989 y su temática es sobre las islas polinesias, en la entrada tiene un "volcán" activo que hace erupción en las noches.

- Paris: el hotel es una imitación de la ciudad de Paris. Dentro se puede encontrar recreadas varias calles, con panaderías y restaurantes típicos parisinos. También hay una imitación de la Torre Eiffel y el Arco del Triunfo

- The Venetian: es la recreación de la ciudad de Venecia – Italia. Se puede visitar dentro del hotel sitios como Gran Canal, el Puente Rialto, el Campanile y la Plaza San Marcos. También tienen canales con paseos en góndola emulando la experiencia exacta que se vive en la ciudad de Venecia.

- Excalibur: fue construido en 1990 y es un castillo medieval que se centra en la leyenda del Rey Arturo.

Categorización uno

Tematización de todo el hotel manejando el concepto en todos sus servicios, infraestructura física y actividades puntuales referentes al concepto.

Hotel Infantil

Sol Meliá- Islas Baleares - España

El hotel maneja el concepto completo de la serie animada Los Picapiedras de la Warner Bross. Está dirigido a un público familiar. La tematización es completa, decoración y arquitectura relacionada con el tema, servicio de alimentos y bebidas con menús especializados sobre el tema. Actividades recreativas y de ocio específicas que manejan el concepto de la serie animada.

Hotel Crowne plaza- Andorra - África:

Es un hotel infantil, concebido para la diversión absoluta de los niños. Las habitaciones son temáticas y los niños escogen en qué tipo de cama dormir de acuerdo con el concepto de cada habitación: nave espacial, barco pirata, cabaña en la selva, rancho del oeste, avión, entre otras. Cuenta con zonas de ocio conceptualizadas para niños como el Baby Club, Teen Club y Kid Club, con juegos y actividades de acuerdo con la edad. Los restaurantes tienen menú para niños y adultos, también temático, menú del espacio, del oeste, de la selva, entre otros. Cada habitación tiene consola de video juegos.

Legoland en Carlsbad – California (USA)

La temática del hotel gira en torno al juguete de Lego y a todas las películas que han hecho con estos juguetes. A demás del hotel completamente tematizado tienen un parque de diversiones cuyo concepto es el Lego. Tienen también tienen un hotel en Florida y en otros países como Alemania, Reino Unido y Malasia.

Hotel del Juguete en Ibi, Alicante – España

Está dedicado a los juguetes desde el lobby, restaurantes y habitaciones, hay juguetes por todas partes. Tiene diversas temáticas de acuerdo con personajes y juegos infantiles. Hay espacios recreativos dedicados a los niños, en donde pueden jugar con todo tipo de juguetes.

Hotel Gamers

Hotel Fantasyland- Alberta, Canadá

Este hotel arquitectónica y decorativamente no maneja el concepto completo, debido a que sólo las habitaciones y algunos lugares comunes son tematizados. Sin embargo, mantiene el concepto de fantasía y juego con algunos servicios especializados relacionados con el concepto.

El hotel Fantasyland tiene 120 habitaciones y cada una está tematizada con un estilo y concepto diferentes, aunque mantienen el hilo conductor del juego y la fantasía. Algunos temas de las habitaciones son: beisbol, iglú, tenis, época romana, Hollywood, mundo acuático, época egipcia, futbol, entre otros.

Todas las habitaciones cuentan con consolas de video juegos y PCs para jugar, adquiriendo siempre los más novedoso en tecnología. Los juegos que pueden encontrar en la habitación son generalmente relacionados con la temática de esta, pero también manejan un inventario de juegos generales.

En algunas áreas comunes se encuentran lugares de videojuego público donde los huéspedes pueden jugar entre ellos y competir.

Es importante anotar que cuando el hotel inicio en la década de los 80 sólo tenía 5 habitaciones y el éxito ha sido tal que hoy tiene 120.

Hoteles agropecuarios y rurales

Hotel Decameron Panaca – Quimbaya – Quindío - Colombia.

Uno de los ejemplos de hotel temático completo más exitoso de Latinoamérica, esta es una de las zonas más representativas del Eje Cafetero. Es un referente a nivel mundial porque es el primer hotel temático agropecuario del mundo.

El concepto y filosofía que maneja es el campo colombiano directamente relacionado con las actividades del café y actividades agrícolas complementarias. Maneja diversos espacios de actividades de entretenimiento, interacción y aprendizaje para niños y adultos, permitiendo en cada una de ellas la relación permanente con el campo y los animales típicos de esa región de Colombia.

El concepto arquitectónico y decorativo se integra con armonía con el contexto agrario y del campo, sin perder las comodidades citadinas que buscan los huéspedes. Debido a su cercanía a muchos lugares y atractivos turísticos ofrece 20 alternativas de diversión distintas, todas manejando el concepto del hotel y la región.

Tenuta Poggio Al Casone Wine Resort en la Toscana – Italia

Es un hotel cuya temática es el vino, el huésped puede aprender y realizar la actividad de cosecha de uvas.

Hacienda El Roble ubicada en la Mesa de los Santos – Santander – Colombia

Es una hacienda cafetera tradicional donde el huésped puede aprender las técnicas de cultivo de café, así como a preparar la comida típica de la región.

Hotel Patios de Cafayate en Salta – Argentina

La temática de este hotel es el vino, los huéspedes hacen excursiones a los viñedos, catas de vino y una explicación sobre el vino, su historia y procesos.

Hotel oficina

Ofi+hotel en Cali - Colombia

Un hotel cuyo concepto y tema es el turismo de negocios, debido a que en Cali el motivante turístico son los negocios. Se considera la propuesta de este hotel como única en Colombia, es un hotel exclusivo para empresarios. Se conjugó un 'office hotelling' al estilo hotel boutique.

El hotel cuenta con 12 habitaciones (cuarto – oficinas) con servicio personalizado, el huésped es provisto de un kit de oficina privada con amplios escritorios, conectividad a internet e impresión inalámbrica, servicios secretariales y de mensajería realizados desde la recepción del hotel, para que el huésped pueda desarrollar sus actividades comerciales.

Asimismo, en el primer piso del edificio se encuentran diversas salas de reuniones, para conferencias y capacitaciones, en donde pueden atender a sus clientes o a su personal, los huéspedes cuando se alojan tienen derecho a estos servicios según la disponibilidad de estos.

Hoteles espirituales y esotéricos

Hotel Stanley – Colorado (USA)

Un edificio de 1909 sirvió de inspiración a Stephen King para la que quizás es su obra más popular, 'El resplandor '. Brinda de manera natural experiencias "sobrenaturales" como: una figura que aparece arañando el cristal de las ventanas desde el exterior y que de repente desaparece, grifos de agua que se abren y se cierran solos, objetos que cruzan volando la habitación, gritos y voces de niños invisibles, se escucha música de un piano en el hotel, un niño de corta edad que juega en el pasillo y, súbitamente, desaparece.

El principal atractivo es la habitación 408, donde pasan cosas tan tremendas que ni siquiera está abierta al público, sino sólo a los científicos que deseen investigar los fenómenos paranormales.

Casa Espiritual Sierra Nevada- Granada (España)

Tiene 39 habitaciones. Es un hotel católico. Brinda servicios de retiros espirituales con sacerdotes, actividades de catequismo y estudios teológicos.

Eventos especiales en las fechas especiales de la religión católica, semana santa, fechas de santos importantes, entre otros. Maneja calendario de actividades.

Hotel Amanjiwo - Java Central (Indonesia)

Su nombre significa alma en paz. El principal atractivo es el entorno natural y cultural, cerca del templo budista de Borobudur. A demás, lo rodean varias colinas y hasta cuatro volcanes.

Los servicios que ofrece son ceremonias budistas, meditaciones especializadas y tratamientos de bienestar.

Es un complejo muy lujoso, a los estándares de máxima calidad de un público de turistas de alto nivel.

Hoteles inspirados en países y culturas

Hotel Ecológico Rancho Luna en Santa Marta – Colombia

Es una exaltación a la cultura indígena Tayrona, donde las habitaciones son cabañas típicas de esta etnia, la alimentación es preparada por nativos, las actividades de ocio y recreación están relacionadas con el entorno natural y la cultura indígena.

Hotel Selwo Lodge de Estepona, en la Costa del Sol –
España:

El concepto del hotel es África, puntualmente como sería vivir en una reserva africana. Tiene un parque donde se puede disfrutar, tipo safari, de varios tipos de animales salvajes. Para alojarte el hotel recrea dos tipos distintos de poblados africanos, el poblado Watu y poblado Masai. Las habitaciones recrean las típicas cabañas de estructura circular construidas en madera y piedra que se pueden encontrar en los diferentes países africanos.

Hoteles peculiares

Hotel Dasparkhotel en Australia

los huéspedes duermen en gigantes tuberías de concreto, que solamente tiene la cama y una lampara. Los baños pertenecen a la zona común. Lo más llamativo es que no tiene un precio fijo, los huéspedes pagan lo que consideren o lo que tengan.

Hotel Isla Propeller en Berlín, Alemania

Le pertenece al artista alemán Lars Stroschen, las habitaciones son muy extrañas y una más que la otra. Por ejemplo, hay una habitación que tiene un baño en una bolsa de plástico gigante; En otra recamara hay una guillotina de gran tamaño para dividir una cama king en dos individuales. Una de las habitaciones internamente es una celda de prisión. Una recamara tiene como camas unos ataúdes, entre muchas otras. La habitación más solicitad es una que tiene los muebles al revés, en el techo.

Hotel Treehotel, en Harads, Suecia

Es un hotel distribuido en distintas casas en árboles, las habitaciones quedan en las copas de los árboles y tienen su propio diseño. Hay estilos nido de pájaro, ovnis, decoración de fichas de Lego, entre otras.

Hotel Palacio de Sal, en Uyuni, Bolivia.

Este hotel está hecho con bloques de sal. Es la salina más grande del mundo. Tiene 30 habitaciones, todas construidas con bloques de sal, en las paredes, pisos, mesas, sillas y comedor.

Hotel Sala Silvermine Underground Suite, en Västmanland, Suecia

Este hotel está a 500 pies bajo tierra, fue excavado por los mineros de plata del siglo XVIII, está dentro de la roca sólida y es el más profundo del mundo.

Su peculiaridad es que sólo tiene una habitación dentro de la mina. Sus muebles son de plata. Tiene una temperatura de 36 grados. Debido a su aislamiento no es recomendable para claustrofóbicos.

Hoteles musicales

Hotel Hard Day's Night en Liverpool – Reino Unido

Este hotel está dedicado a Los Beatles, toda su decoración y contiene una colección fotográfica, reliquias y hasta el piano blanco de Imagine. Las habitaciones están dedicadas y decoradas de acuerdo con cada uno de ellos.

Hotel NHow en Berlín – Alemania

El tema de este hotel son las guitarras. Cuenta con dos estudios de grabación y varios estudios multimedia. Las habitaciones están decoradas con guitarras. Para los huéspedes hay concursos de Guitar Hero. Pueden usar libremente pianos Casio y guitarras dentro del hotel.

Hoteles para los sentidos

Hotel Magna Pars Suites en Milán – Italia

Fue creado por la familia Martone, especialistas en el arte de la perfumería. Es el primer hotel perfume del mundo. Cada suite está asociada a una fragancia, así como las áreas comunes del hotel.

Tiene una decoración exquisita, diseña de acuerdo con lo que cada fragancia inspira. Cada habitación tiene su propio olor, hay 39 notas olfativas diferentes, las cuales están divididas entre fragancias arbustivas y fragancias florales.

Hotel The Chocolate Boutique en Bournemouth - Reino Unido

Este hotel exalta el sentido del gusto. Su temática es el chocolate. Brinda al huésped talleres para aprender sobre trufas belgas y otros bombones de chocolates. Enseña a preparar distintas recetas con chocolate y en las habitaciones el huésped puede comer distintas fondues de chocolate.

Hoteles tematizados de cotidianidad

Hotel V8 en Stuttgart – Alemania

Queda en el museo del automóvil Motorworld. Cada habitación es tematizada de acuerdo con un auto, las llaman camas-bólido, los huéspedes pueden dormir en el auto que seleccionen de acuerdo con la habitación. En los espacios comunes hay fotografías y decoración de carros. Hay simulación de espacios de lavado de carros, estación de gasolina y un autocine.

Hotel artístico y cultural

Hotel Le Pavillion des Lettres en París – Francia

Cada habitación está dedicada a una letra del alfabeto francés y a un escritor cuyo nombre inicie con esa letra. Dentro de los cuartos hay ejemplares de ese escritor para que el huésped lea, y está decorada de acuerdo con personajes o situaciones de alguno de los libros del autor. Por supuesto que en los espacios comunes hay muchos libros para que los huéspedes escojan y lean durante su estancia. Espacios diseñados para la lectura.

Hotel 21c Museum Hotel, en Louisville – Kentucky, Estados Unidos

Existe desde el 2006. Es una galería hotel, en la que se encuentra una gran parte del arte contemporáneo norteamericano. Tiene varias galerías y 90 habitaciones, dentro de las cuales hay una obra de arte. El hotel tiene una galería itinerante que le permite a los nuevos artistas exhibir sus obras.

Hoteles fitness y deportivos

Dedicados al deporte:

Príncipe Felipe

Es un hotel ubicado en España. Tiene muchos campos de golf para que sus huéspedes practiquen el deporte.

Los campos de golf de este hotel están catalogados como unos de los mejores de Europa. Tiene una prestigiosa academia de golf.

Pero no es el único deporte que se puede practicar dentro del hotel. También ofrece canchas profesionales de tenis, criquet y fútbol a las que van a entrenar muchos equipos a nivel mundial.

No solamente le ofrecen al huésped servicios deportivos sino también un spa integral. Tiene trece cabinas de tratamientos faciales y corporales, centro médico deportivo, piscina con circuito de chorros terapéuticos y sala de relajación.

Hotel Playitas Fuerteventura

En este hotel entrenó el equipo olímpico sueco para los JJOO de Río 2016. Está situado en la isla de Fuerteventura, España. Tiene un calendario deportivo diario con actividades distribuidas por horas, días y semanas a lo largo del año.

Ofrece running, tenis, voleibol, fútbol, balonmano, tour de montaña, ciclismo estático, yoga, actividades de fitness, rutas de ciclismo y de montaña, entre otras.

Asimismo, organizan concentraciones deportivas y semanas especializadas en deportes específicos. Tienen una academia deportiva para niños, mientras están hospedados en el hotel pueden aprender a practicar un deporte.

Tiene piscina olímpica, cancha multifuncional, pista de atletismo profesional, campo de golf y muchos otros deportes más.

RAE´S Hotel

Queda en Australia, Byron Bay. Es un hotel en el que sus huéspedes pueden practicar surf.

Está ubicado frente al mar, en una zona privilegiada donde es ideal practicar surf. Los huéspedes pueden llevar sus propias tablas, pero también las suministran.

El entorno es natural y ecológico. Con un servicio personalizado a cada huésped, con instructor para practicar surf y otros servicios relacionados.

También tiene un famoso spa con muchos tratamientos de bienestar.

Cadena hotelera H10hotels

Tiene hoteles especializados en deportes, cuenta con el distintivo Blue Team. Ofrecen se buceo y el snorkel, en sus hoteles ubicados en Fuerteventura, Lanzarote, Mallorca, Punta Cana y Riviera Maya.

Dentro de la cadena también cuentan con hoteles especializados en golf, en los hoteles de Costa del Sol, Gran Canaria, Mallorca, Tenerife, Riviera Maya y Varadero.

También ofrecen canchas de voleibol, fútbol y baloncesto.

Carmel Valley Ranch: Tenis

Este hotel queda ubicado en California, Estados Unidos. Está dedicado al tenis. Es un resort ecológico de lujo.

Pueden ir a practicar en sus canchas tanto tenistas profesionales como principiantes. Tiene excelentes canchas en las que han practicado los mejores tenistas.

Ofrece también campos de golf y un entorno donde se puede salir a practicar mountain bike.

En cuanto al wellness tiene tratamiento especializados en insomnio y a bajar de peso.

Rafa Nadal Sport Centre

El tenista Rafa Nadal tiene un hotel y residencia para deportistas profesionales o amateurs, cuyo nicho son deportistas en solitario, equipos, familias o empresas que deseen practicar deportes.

Ofrecen, por supuesto, múltiples canchas de tenis, pádel, campos de golf, espacios para ciclismo y triatlón.

Hay una academia de tenis para adultos. Se especializan también en actividades dirigidas de natación.

Los huéspedes entro del hotel pueden acceder a una clínica especializada en medicina deportiva.

Coworth Park Resort

Queda en Inglaterra y está dedicado a la equitación.

Brindan dos posibilidades de alojamiento, bien en la Casa Palaciega, que es un resort boutique con hermosas suites o sus caballerizas que tienen unas casas estilo rural.

De manera principiante o experta los huéspedes pueden practicar equitación. El resort tiene una extensión 971.000 m². Les brindan a los turistas caballos para practicar el deporte y excursiones a caballo. También cuenta con spa.

Houstonian Hotel, Club & Spa

Se encuentra ubicado en Houston, Estados Unidos. Tiene tres piscinas, nueve canchas de tenis, ofrece 200 clases de ciclismo, yoga, pilates, sesiones de boxeo, una pista al aire libre para hacer senderismo y spa.

Los huéspedes pueden inscribirse en sesiones individuales de entrenamiento personal, practicar deportes acuáticos, de raqueta, pilates y entre otros.

Los Angeles Athletic Club Hotel

El hotel tiene 12 pisos y las habitaciones están en los tres últimos pisos. Es un edificio completo de canchas y escenarios deportivos.

Ofrecen más de 70 clases a la semana de yoga, entrenamiento, aeróbic, cardio, kick boxing, y ciclismo. Tiene instalaciones para squash, raquetball, canchas de voleibol y baloncesto, una piscina cubierta.

Los huéspedes pueden tener sesiones individuales con los entrenadores del hotel para practicar cualquiera de los deportes que ofrecen.

Categoría dos

En esta categoría solo se tematiza la decoración y arquitectura del hotel:

Hotel artístico y cultural

Hotel Lope de Vega en Madrid - España

Está tematizado sobre la vida, contexto histórico y cultural del dramaturgo español Félix Lope de Vega. Cada uno de los 7 pisos del hotel está tematizado de acuerdo con el momento histórico en el que el dramaturgo realizo sus obras.

Tiene 60 habitaciones y cada una tiene el nombre de un personaje de sus obras literarias, así como un cartel informativo a la entrada sobre el personaje. Las habitaciones, por supuesto, están decoradas de acuerdo con el estilo y rasgos del personaje.

Su arquitectura y decoración maneja el concepto de movimientos artísticos contemporáneos, inspirados en estos y en artistas reconocidos de dichos movimientos. La decoración es impresionantemente creativa y muy sofisticada, es considerado uno de los hoteles con servicios de más alta calidad en Roma.

Cada uno de los cinco pisos del hotel está dedicado a un color en particular y cada habitación es diferente a la otra. No maneja habitaciones sencillas ni dobles sino suites y todas están dedicadas a un artista o movimiento artístico diferente. Por ejemplo, la suite Picasso tiene un Guernica a escala real en una de las paredes, así tiene la suit Neoclasica, Keith Haring, Deconstructivista estilo ruso de los años veinte, entre otras.

Hotel Arte Pop en New York – USA

El concepto de este hotel es, como su nombre lo indica, el arte Pop. Hay obras de Andy Warhol, Billy Name y del artista japonés Michael Lin, entre muchos otros. Ofrece a los huéspedes eventos de poesía, literatura y música.

Hotel arquitectónico

El Marqués Hotel Boutique en Cartagena de Indias - Colombia

No maneja una tematización profunda en las habitaciones y espacios comunes, pero debido a que está ubicado en una casona colonial del Siglo XVII, que fue propiedad del Conde de Pestagua, es considerado un buen ejemplo de tematización respecto a la arquitectura. Igual que este hotel ingresaría muchos más hoteles del Centro Histórico de Cartagena.

Hoteles inspirados en países y culturas

Hotel Categoría Colombia en Medellín - Colombia

El objetivo es que decorativamente, de manera más específica en las habitaciones y espacios comunes el huésped conozca Colombia y regiones especificas del país.

En alianza con Artesanías de Colombia se intervinieron los diferentes espacios del hotel, para mostrar al huésped las tradicionales y nuevas manifestaciones artísticas de los artesanos colombianos.

Cada piso representa una región del país: Amazonas, la Orinoquia, la Zona Andina, el Pacífico y el Caribe. De igual manera los restaurantes ofrecen la comida típica del país.

Hotel Aydinli Cave House Hotel, en Göreme, Turquía

El hotel surgió en 2008, tiene 14 habitaciones y es dirigido por una familia. Se encuentra en cavernas, completamente tallado en roca sólida. La estructura de la cueva en la que se encuentra el hotel tiene 750 años.

Hoteles espirituales y esotéricos

Hotel Monticelo Hospedería Y Casa de Espiritualidad en Medellín - Colombia

Brinda servicios en convenciones y eventos con salones que tienen un nivel de especialización para eventos esotéricos, es constantemente utilizado por grupos gnósticos. Cuenta con 48 habitaciones, amplias zonas verdes para actividades outdoor.

Lo definen como un hotel que tiene como objetivo llevar a la gente a vivir su vocación mística, que es la vocación propia del ser humano y del universo; vocación de amor, y a fundamentar su comportamiento cotidiano, su moral, en el amor; por esta razón, cuenta con una capilla y un oratorio.

Hoteles TV y cine

Hotel Paraíso Estudios en Girardot – Colombia

Es un hotel temático cuyo concepto de decoración son personajes de televisión y cine. Los espacios comunes están decorados con escenografía de distintos estilos.

Hotel Gracery en Shinjuku – Japón

El tema es Godzilla, arriba del edificio hay una enorme cabeza del mítico animal. El hotel es el cuerpo de Godzilla y las habitaciones son sus garras o parte de ellas. Todo el hotel está decorado con lo relacionado a la criatura. En las noches la cabeza de Godzilla echa humo y ruge.

Hotel The Shire of Montana en Montana, EE. UU.

El concepto es la Comarca de El señor de los Anillos. Los huéspedes se pueden alojar en imitaciones de casas y cabañas escondidas en árboles. Casas de Hobbits, un bosque encantado y todo lo relacionado.

Wonderland House en Brighton – Inglaterra

Es un hotel temático que transporta al huésped al libro de Lewis Carroll, Alicia en el País de las Maravillas. Tiene una réplica exacta de la sala del banquete del Sombrerero Loco, una mesa con 16 puestos donde el huésped puede sentarse a tomar el té. Todas las habitaciones están inspiradas en el libro y sus personajes

Georgian House Hotel en Londres

Es un hotel ambientado de Hogwarts, la famosa escuela de magia de Harry Potter. La decoración completa del hotel evoca la escuela de magia, todo cuidado al máximo detalle para que el huésped se sienta viviendo la experiencia de la saga de JK Rowling.

Categoría tres

En esta categoría se encuentran los hoteles que sólo tienen tematizadas las habitaciones. Estos hoteles son escasos, porque generalmente los hoteles con habitaciones tematizadas pertenecen a la categoría dos.

Hoteles TV y cine

Hotel Hilton de Buenos Aires – Argentina

Este hotel tiene una habitación inspirada en la muñeca Barbie. Es una habitación completamente rosa, con el logo y las imágenes de la muñeca.

Celebrities Suites & Apartments en Bogotá - Colombia

La decoración está basada en las imágenes, colores y glamur de la cultura pop. Pero la tematización la manejan de manera puntual en las suites que le rinden tributo a una personalidad cultural, celebridad artística o icono de trascendental importancia dentro del mundo de la música, el cine y el arte dentro de la cultura pop principalmente.

Hotel The Line, en Los Ángeles, California, Estados Unidos.

Para los fanáticos de Hello Kitty, en este hotel hay una habitación inspirada y dedicada a este dibujo animado.

Eden Motel en Kaohsiung -Taiwan

Es un hotel dedicado a Batman, con habitaciones como baticuevas, sofás y camas como batimovil y toda la decoración con relación a Gótica y Batman.

Hoteles musicales

Hotel Posada Salsa-Boutique en Cali - Colombia:

El objetivo de rendirle un homenaje a la salsa y a sus intérpretes. Tiene seis habitaciones cada una rinde homenaje a uno de los grandes soneros de la salsa. Desde su entrada hasta su acomodación, el huésped tiene referencias e información sobre este género musical, a través de detalles decorativos que brindan a los huéspedes una muestra musical y cultural del ritmo.

Bibliografía

NEWBIGIN, J. (2010) Britisch Council: La Economía Creativa: una guía introductoria.

PINE II, B & GILMORE, JH. (1998). The Experience Economy. Harvard business review.

KOZINETS, ROBERT V. (2002), "The Field Behind the Screen: Using Netnography for Marketing Research in Online Communities,"

NADIRI, H. Y TANOVA, C. (2010): An investigation of the role of justice in turnover intentions, job satisfaction, and organizational citizenship behavior in hospitality industry, International Journal of Hospitality Management 29 (2010)

DIANA BONE ESPINOSA, ARANTXA REY GARCIA, FRANCESC FUSTE FORNE. Los hoteles temáticos: un caso descriptivo de creación de experiencias a través de ejemplos singulares españoles. Papers de Turisme nº 58-julio-diciembre 2015.

GRAÑAS, MATIAS. "Moda que crece, la novedad de los hoteles temáticos" [en línea]. 14 de abril de 2005.
http://www.terra.com.ar/canales/turismo/112/113383.html

LEWIS, B.R. Y MCCANN, P. (2004): Service failure and recovery: evidence for the hotel sector, International Journal of Contemporary Hospitality Management.Philipp Wassler, Xiang (Robert) Li & Kam Hung (2015) Hotel Theming en China: un estudio cualitativo de las opiniones de los practicantes, Journal of Travel & Tourism Marketing, 32: 6, 712-729

VARELA, Rodrigo. Innovación Empresarial, Arte y Ciencia en la creación de empresas. Bogotá. Prentice Hall. 2001.

MANKIEW, Gregory. Macroeconomía. Bogotá.
Mayol Ediciones, 2005.

KOTLER, Philip y ARMSTRONG, Gary.
Fundamentos de Marketing. 6ta Edición. México.
Prentice Hall. 2003.

Kotler, Philip. Los 10 Pecados Capitales del
Marketing. Barcelona. Ediciones Deusto. 2006.

MULLINS, John, WALKER, Orville, BOYD,
Harper y LARRÉCHÉ, Jean Claude.
Administración de Marketing: un Enfoque en la
Toma Estratégica de Decisiones.
5ta edición. México. Mc Graw Hill. 2007.

CHIAVENATO, Idalberto. Gestión del Talento
Humano. Bogotá. Mc Graw Hill. 2002.

NANCLARES, José. Marketing y Planificación
para Restaurantes. España. Paraninfo. 2001.

VÉLEZ, María Elena. Un Hotel Cada tres días.
Revista Poder. Sábado 23 de agosto de 2008.

Version online. Septiembre 12 de 2008

FRIEND,Graham y ZEHLE, Stefan. Cómo
Diseñar un Plan de Negocios. The Economist.
2008. pg 7.

RINCÓN, Cuellar Luis Fernando. La SAS Gana
Terreno. Revista Misión Pyme. Edición 27. Abril-
mayo 2009.

Fuentes

http://www.mincomercio.gov.co/econtent/docume
ntos/turismo/2006/boletinEne- Dic.pdf (cifras
DAS)

http://www.proexport.gov.co/vbecontent/library/d
ocuments/DocNewsNo5709Docu
mentNo5572.PDF (proexport)

http://www.turismocolombia.com/Intereses/Notici
as/Noticiasdeestemesenwwwturis
mocolombiacom/Lanzamientodelaencuestadeturi
smodeColombia/tabid/674/langua ge/es-
CO/Default.aspx (encuesta de turismo) (google:
Turismo colombia pag 2)

http://www.dane.gov.co/files/investigaciones/bole
tines/mmh/bol_mmh_dic07.pdf
(% de negocios y otros) Dane – comercio y
servicios

www.fondoemprender.com/bancomedios/docum

entos%20office/guia_plan_de_neg ocio.xls -

http://www.gerencie.com/emprendimiento.html
http://www.investinbogota.com/content/modules/
general.jsp?ID=2096

http://marketing.infobaeprofesional.com/notas/20
635-Hoteles-boutique-le-sacan- estrellato-a-las-
grandes-cadenas.html?cookie

http://www.dnp.gov.co/archivos/documentos/Sub
direccion_Conpes/3333.pdf
http://wwww.observatur.edu.ar/index2.php?optio
n=com_content&do_pdf=1&id=53

http://todacultura.com/turismo/index.htm
https://www.abc.es/summum/living/ocio/abci-
mejores-resorts-deportivos-para-desconectar-
201706082202_noticia.html

https://www.hosteltur.com/183840_hoteles-
especializados-atender-sus-clientes-deportivos.html

https://lorenamartinezturismo.com/2016/12/01/hoteles-para-deportistas/

https://www.infobae.com/america/wapo/2018/03/10/visita-estos-hoteles-que-enfocan-sus-servicios-en-el-deporte-y-la-vida-saludable/

Sobre los autores:

César Augusto Pión González

Político y escritor colombiano. Ha desarrollado desde la administración pública diversos acuerdos e iniciativas para promover el turismo en su ciudad y región.

Maestrante en Dirección de Empresas y Organizaciones Turísticas. Tiene estudios superiores en Gerencia en Salud, Planeación Urbana y Rural, Administración Pública, entre otros.

En la actualidad es concejal, presidente de la comisión del plan, past-president de la comisión accidental de turismo de Cartagena de Indias.

Diana Patricia Pinto Cataño

Comunicadora social, magister en Dirección de Empresas y Organizaciones Turísticas. Escritora de cuentos infantiles y para adultos, libros académicos sobre turismo y comunicación, también es columnista de opinión de varios medios y portales.

Profesora universitaria por más de 15 años, en las áreas de comunicación y turismo en importantes universidades colombianas. Tiene estudios superiores en Gerencia de Mercadeo y Docencia Universitaria.

Ha sido coordinadora y directora de diferentes programas de Administración Turística y Hotelera en importantes universidades de Cartagena de Indias, Colombia. Elaboró siete programas académicos de turismo, en las áreas de gastronomía, promoción turística, alojamiento, agencias de viajes en los niveles técnico profesional, tecnológico y profesional. Ha desarrollado diferentes investigaciones sobre el hotelería temática, pet friendly, espacio público y turismo. Directora de un portal de opinión. Colombiana, de Cartagena de Indias.